Esto es lo que quiero ser

Bombero

Heather Miller

Traducción de Carlos Prieto

Heinemann Library

Chicago, Illinois

Customer Service 888-454-2279
Visit our website at www.heinemannlibrary.com

Designed by Sue Emerson, Heinemann Library
Printed and bound in the United States by Lake Book Manufacturing, Inc.

07 06 05 04 03
10 9 8 7 6 5 4 3 2 1

Library of Congress Cataloging-in-Publication Data
Miller, Heather.
   [Firefighter. Spanish]
   Bombero / Heather Miller
      p.cm. — (Esto es lo que quiero ser)
Includes index.
Summary: Discusses the work done by firefighters, the equipment used, training required, and what a firefighter's day is like.
   1-40340-378-3 (HC), 1-40340-600-6 (Pbk)
   1. Fire extinction—Vocational guidance—Juvenile literature. 2. Fire fighters—Juvenile literature. [1. Fire extinction. 2. Fire fighters. 3. Occupations. 4. Spanish language materials.] I. Title.
   TH9119.M55 2002
   363.37'092--dc21

2002068677

Acknowledgments
The author and publishers are grateful to the following for permission to reproduce copyright material:
p. 4 Doug Martin/Photo Researchers, Inc.; p. 5 Frank Siteman/Stone/Getty Images; pp. 6L, 19 Michael Heller/911 Pictures; p. 6R Scott T. Baxter/PhotoDisc; p. 7 Mark Richards/PhotoEdit; pp. 8, 22 Ken Cavanagh/Photo Researchers, Inc.; p. 9L Dorothy L. Greco/Stock Boston; p. 9R Aaron Haupt/Stock Boston; p. 10 James Smalley/Index Stock Imagery, Inc.; p. 11L Michael Newman/PhotoEdit; p. 11R Phillip Rostron/Masterfile; p. 12 Joseph Sohm/ChromoSohm, Inc./Corbis; p. 13 Kari K. Brown/911 Pictures; p. 14 Rhoda Sidney/PhotoEdit; pp. 15, 16R Richard Hutchings/PhotoEdit; p. 16L Richard Hutchings/Photo Researchers, Inc.; p. 17 Brett Panelli/Stone/Getty Images; p. 18 John Burke/Index Stock Imagery, Inc.; p. 20 Timothy Tonge/911 Pictures; p. 21 John A. Rizzo/PhotoDisc; p. 23 (row 1, L–R) Aaron Haupt/Stock Boston, Scott T. Baxter/PhotoDisc, John Burke/Index Stock Imagery, Inc.; p. 23 (row 2, L–R) Ken Cavanagh/Photo Researchers, Inc., James Smalley/Index Stock Imagery, Inc., Aaron Haupt/Stock Boston; p. 23 (row 3, L–R) Dorothy L. Greco/Stock Boston, Phillip Rostron/Masterfile, Michael Newman/PhotoEdit

Cover photograph by Skip Nall/Corbis
Photo research by Scott Braut

Special thanks to our binlingual advisory panel for their help in the preparation of this book:

Anita R. Constantino	Argentina Palacios	Ursula Sexton
Literacy Specialist	Docent	Researcher, WestEd
Irving Independent School District	Bronx Zoo	San Ramon, CA
Irving, Texas	New York, NY	
Aurora García Colón	Leah Radinsky	
Literacy Specialist	Bilingual Teacher	
Northside Independent School District	Inter-American Magnet School	
San Antonio, TX	Chicago, IL	

We would also like to thank Mike Miller of the Fort Wayne, Indiana, Fire Department and Chief Dennis Gault, Assistant Director of the Chicago Fire Department Media Affairs Office, for their help in reviewing this book.

Unas palabras están en negrita, **así**.
Las encontrarás en el glosario en fotos de la página 23.

Contenido

¿Qué hacen los bomberos?

Los bomberos apagan incendios.

Echan agua con **mangueras**.

Los bomberos nos ayudan cuando estamos en peligro.

Nos salvan de los incendios.

¿Cómo es el día de un bombero?

Los bomberos limpian la estación de bomberos.

Lavan los camiones y enrollan las **mangueras**.

Los bomberos hacen ejercicio para ser fuertes y saludables.

Tienen que estar listos todo el tiempo para apagar incendios.

7

¿Qué equipo usan los bomberos?

pantalones aislantes

botas

Los bomberos usan **equipo de faena.**

Usan botas y **pantalones aislantes** para protegerse las piernas.

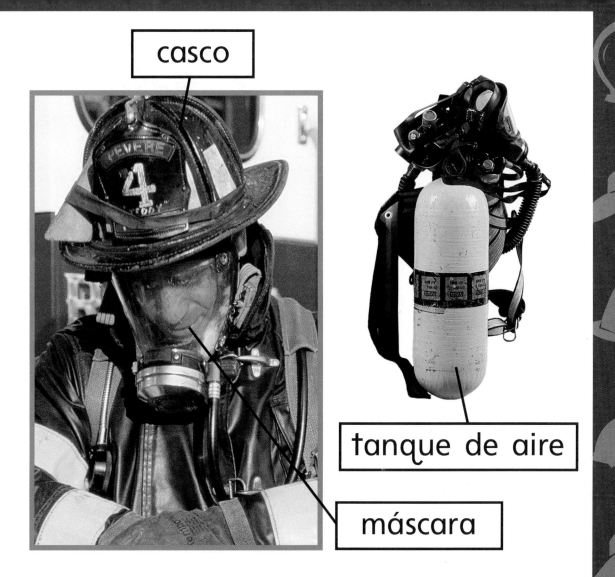

casco

tanque de aire

máscara

Se protegen la cabeza con un **casco**.

Un **tanque de aire** y una máscara
les permite respirar en un incendio.

¿Qué herramientas usan los bomberos?

Los bomberos echan agua con **mangueras.**

Conectan las mangueras a una **toma de agua.**

Abren la toma con una **llave de tuercas**.

Un **camión de bombeo** empuja el agua por la manguera.

¿Dónde trabajan los bomberos?

Los bomberos trabajan en estaciones de bomberos.

Las estaciones de bomberos pueden ser grandes o pequeñas.

Unos bomberos trabajan en bosques.

Estos bomberos están apagando
un incendio en un bosque.

¿Qué hay dentro de la estación de bomberos?

Dentro de la estación de bomberos hay camiones de bomberos.

Una estación puede tener más de un camión.

A veces hay tubos para bajar.

Los bomberos bajan rápido por los tubos para llegar a los camiones.

¿Cuándo trabajan los bomberos?

Los bomberos pasan todo el día y toda la noche en la estación.

Comen y duermen en la estación.

Después se van a casa.

Otros bomberos llegan a la estación a trabajar.

¿Qué clases de bomberos hay?

Los **equipos de rescate** ayudan a las personas que están atrapadas.

Usan cuerdas y escaleras para hacer rescates en lugares altos.

El jefe de bomberos está a cargo de todos los bomberos.

El jefe de bomberos se pone un **casco** blanco.

¿Cómo aprenden los bomberos?

Los bomberos estudian en escuelas especiales.

Estudian en libros y toman pruebas.

Los bomberos practican cómo apagar incendios.

Aprenden cómo ayudar a los heridos.

Prueba

¿Recuerdas cómo se llaman estas cosas?

Busca las respuestas en la página 24.

?

?

?

Glosario en fotos

**tanque
de aire**
página 9

manguera
páginas 4, 6,
10, 11

**equipo
de rescate**
página 18

**pantalones
aislantes**
página 8

**toma de
agua**
página 10

**equipo
de faena**
página 8

casco
páginas 9, 19

**camión de
bombeo**
página 11

**llave de
tuercas**
página 11

23

Nota a padres y maestros

Leer para buscar información es un aspecto importante del desarrollo de la lectoescritura. El aprendizaje empieza con una pregunta. Si usted alienta a los niños a hacerse preguntas sobre el mundo que los rodea, los ayudará a verse como investigadores. Cada capítulo de este libro empieza con una pregunta. Lean la pregunta juntos, miren las fotos y traten de contestar la pregunta. Después, lean y comprueben si sus predicciones son correctas. Piensen en otras preguntas sobre el tema y comenten dónde pueden buscar la respuesta. Ayude a los niños a usar el glosario en fotos y el índice para practicar nuevas destrezas de vocabulario y de investigación.

Índice

Respuestas de la página 22

casco

pantalones aislantes

botas